À toi! 2

Grammatikheft

Mit Erklärfilmen

Dein Grammatikheft findest du auch in der Cornelsen Lernen App.

Bei diesem Symbol ▷ findest du in deiner App alle Erklärfilme zu diesem Heft.

Cornelsen

À toi! 2 Nouvelle édition
Grammatikheft für den Französischunterricht
mit Erklärfilmen und Lösungen im Anhang

im Auftrag des Verlages erarbeitet von
Sandra Brandstetter

und der Redaktion Französisch
Julia Goltz (Projektleitung)

Didaktische Beratung: Kira Bennarend (Gladbeck)

Umschlaggestaltung: Rosendahl Berlin – Agentur für Markendesign
Layout und technische Umsetzung: graphitecture book & edition

www.cornelsen.de

1. Auflage, 2. Druck 2025

Alle Drucke dieser Auflage sind inhaltlich unverändert und können im Unterricht nebeneinander verwendet werden.

Druck: Athesiadruck GmbH, Bozen

ISBN 978-3-06-521226-7

PEFC-zertifiziert
Dieses Produkt stammt aus nachhaltig bewirtschafteten Wäldern und kontrollierten Quellen
PEFC/18-31-166
www.pefc.de

Inhaltsverzeichnis

Kurzfassung der Grammatikregel

Gemeinsamkeiten/Unterschiede im Französischen, Deutschen und Englischen

▷ Erklärfilm (verfügbar in der Cornelsen Lernen App)

Erklärungen von Begriffen oder Lerntipps

1 Das Nomen und seine Begleiter

1.1 Der bestimmte Artikel und das Nomen

	männliche Nomen	weibliche Nomen
Singular	le garçon l'ami	la fille l'amie
Plural	les garçons les‿amis	les filles les‿amies

Im Französischen heißen die bestimmten Artikel im Singular (= Einzahl) *le* und *la*.
Le ist der Artikel für männliche Nomen.
La ist der Artikel für weibliche Nomen.
Vor männlichen und weiblichen Nomen mit Vokal steht *l'*.
Der bestimmte Artikel im Plural (= Mehrzahl) ist *les*.

Singular	le	la
	l'	
Plural	les	

1.2 Der unbestimmte Artikel und das Nomen

	männliche Nomen	weibliche Nomen
Singular	un garçon ein Junge un‿ami ein Freund	une fille ein Mädchen une amie eine Freundin
Plural	des garçons ■ Jungen des‿amis ■ Freunde	des filles ■ Mädchen des‿amies ■ Freundinnen

Un ist der unbestimmte Artikel für männliche Nomen im Singular.

Une ist der unbestimmte Artikel für weibliche Nomen im Singular.

Der unbestimmte Artikel im Plural ist *des*.

Singular	un	une
Plural	des	

1.3 Der Possessivbegleiter und das Nomen

vor Nomen im Singular					vor Nomen im Plural
männliche Nomen		weibliche Nomen			männliche und weibliche Nomen
		vor Vokal		vor Konsonant	
mon père **mon**‿ami	mein	**mon**‿amie	meine	**ma** mère	**mes**‿amis/amies meine
ton père **ton**‿ami	dein	**ton**‿amie	deine	**ta** mère	**tes** frères/sœurs deine
son père **son**‿ami	sein	**son**‿amie	seine/ihre	**sa** mère	**ses** cousins/cousines seine/ihre

Die Possessivbegleiter richten sich in Geschlecht und Zahl (Singular/Plural) nach dem Nomen, vor dem sie stehen.
Vor weiblichen Nomen im Singular, die mit Vokal oder stummem ***h***- beginnen, steht nicht ***ma***, ***ta***, ***sa***, sondern ***mon***, ***ton***, ***son***.

Auf einen Blick Die verschiedenen Begleiter

	männlich		weiblich	
	vor Konsonant	vor Vokal	vor Konsonant	vor Vokal
der bestimmte Artikel				
Singular	**le** garçon	**l'**ordinateur	**la** fille	**l'**armoire
Plural	**les** garçons / **les**‿ordinateurs		**les** filles / **les**‿armoires	
der unbestimmte Artikel				
Singular	**un** garçon	**un**‿ordinateur	**une** fille	**une**‿armoire
Plural	**des** garçons / **des**‿ordinateurs		**des** filles / **des**‿armoires	

der Possessivbegleiter			
Singular	mon frère / mon‿ami ton frère / ton‿ami son frère / son‿ami	ma sœur ta sœur sa sœur	mon‿amie ton‿amie son‿amie
Plural	mes frères / mes‿amis tes frères / tes‿amis ses frères / ses‿amis	mes sœurs / mes‿amies tes sœurs / tes‿amies ses sœurs / ses‿amies	

1.4 Der zusammengezogene Artikel mit *de*

Le lit est Das Bett ist	à droite **de l'**armoire. rechts vom Schrank.	de + l' = **de l'**
La console est Die Spielkonsole ist	à gauche **de** la plante. links von der Pflanze.	de + la = **de la**
Le livre est Das Buch ist	à droite **du** cahier. rechts vom Heft.	de + le = **du**
Les photos sont Die Fotos sind	à côté **des** livres. neben den Büchern.	de + les = **des**

Die Präposition ***de*** wird nur mit ***le*** und ***les*** zusammengezogen.

2 Die Personalpronomen

	Singular	Plural
1. Person	je	nous
2. Person	tu	vous
3. Person	il, elle, on	ils, elles

Die Personalpronomen stehen immer vor einem Verb und sind Subjekt des Satzes:
***Je** vais à Paris.* Ich fahre nach Paris.

2.1 Das Personalpronomen *on*

On est chez mon grand-père.
Wir sind bei meinem Großvater.
Ici, **on** parle français.
Hier spricht man französisch.

Im gesprochenen Französisch wird ***on*** oft anstelle von ***nous*** verwendet.
On kann aber auch „man" bedeuten.

2.2 Das Personalpronomen *vous*

Seid ihr in der 7b?

Sind Sie die Eltern von Gabin?

Sind Sie Frau Ménard?

Vous steht im Französischen für „ihr" und „Sie". Mit ***vous*** wendest du dich an:
– mehrere Personen, die du duzt oder siezt,
– eine einzelne Person, die du siezt.

2.3 Die Personalpronomen *ils* und *elles*

Ils sont de Paris.
Sie sind aus Paris.

Ils sont de Paris.
Sie sind aus Paris.

Elles sont de Paris.
Sie sind aus Paris.

Im Französischen unterscheidest du in der 3. Person Plural zwischen männlichen und weiblichen Personalpronomen, im Deutschen nicht.
Ils und ***elles*** übersetzt du beide mit „sie".

ils
ils
elles

3 Die Präpositionen

Die Präpositionen aus Band 1 und 2 findest du auf der vorderen Umschlagseite dieses Grammatikheftes. Einige Präpositionen haben mehrere Entsprechungen im Deutschen. Beachte, dass die Präposition ***de*** mit den Artikeln *le* und ***les*** zusammengezogen wird.

4 Das Verb

4.1 Die Formen des Verbs – *Les formes du verbe*

regarder – habiter – partager – rentrer – avoir – être	Der Infinitiv ist die Grundform des Verbs.

	Stamm	Endung		
tu	regard	-es	(2. Person Singular Präsens)	Verben werden konjugiert. Eine konjugierte Verbform besteht aus einem Stamm und einer Endung. Die Endung zeigt die Person an, in der das Verb steht.
nous	regard	-ons	(1. Person Plural Präsens)	
ils	regard	-ent	(3. Person Plural Präsens)	

4.2 Die Konjugationen der Verben – *Les conjugaisons des verbes*

Die Verben aus Band 1 und 2 findest du auf den Seiten 60–70 dieses Grammatikheftes.

5 Der Satz

Je m'appelle Noé.	Aussagesatz	Du kennst Aussagesätze, Fragesätze und Aufforderungssätze.
Tu es dans la classe de Jeanne ?	Fragesatz	
Regarde le tableau.	Aufforderungssatz	

5.1 Die Wortstellung im Aussagesatz

Subjekt	Verb	Ergänzung	
J'	habite	ici.	Die Wortstellung in einem französischen Aussagesatz ist **Subjekt – Verb – Ergänzung**.
Le chien	s'appelle	Côtelette.	
Lili-Rose	est	l'amie de Jeanne.	

She lives in Paris.

Diese Wortstellung kennst du schon aus dem Englischen (S – P – O).

Aussagesatz = Subjekt + Verb + Ergänzung

5.2 Der verneinte Satz mit *ne… pas*

Lili-Rose	ne	**regarde**	pas	une série.	In einem verneinten Satz steht ***ne*** vor dem konjugierten Verb und ***pas*** dahinter. Vor Vokal und stummem ***h-*** wird ***ne*** zu ***n'*** verkürzt.
Lili-Rose schaut keine Serie an.					
Gabin	n'	**aime**	pas	la musique.	
Gabin mag Musik nicht.					

ne / **n'** | + *konjugiertes Verb* | + **pas**

5.3 Der Fragesatz

Fragen ohne Fragewort:

Ça va ? Elle habite à Paris ?	Wie geht's ? Wohnt sie in Paris ?	Fragen ohne Fragewort kannst du auf zwei Arten bilden: – als **Intonationsfrage**: Du hebst die Stimme am Ende des Satzes einfach an.
Est-ce que tu habites ici ? ***Est-ce que...*** + Aussagesatz + **?**	Wohnst du hier?	– als **Frage mit *est-ce que***: ***Est-ce que*** stellst du vor den Aussagesatz. Die Stellung der Satzteile des Aussagesatzes bleiben erhalten. ***Est-ce que*** wird nicht übersetzt.

Fragen mit Fragewort:

Die Frage mit *qui* **Qui** est ta tante ? **Qui** a un stylo ?	 Wer ist deine Tante? Wer hat einen Stift?	Mit ***qui*** fragst du nach Personen.
Die Frage mit *qu'est-ce que* **Qu'est-ce que** tu écoutes ? **Qu'est-ce qu'**il aime ?	 Was hörst du? Was mag er?	Mit ***qu'est-ce que*** fragst du nach Sachen.
Die Frage mit *où* **Où** est le bus ? **Où** sont les chiens ?	 Wo ist der Bus? Wo sind die Hunde?	Mit ***Où est/sont... ?*** fragst du, wo jemand oder etwas ist.

Im gesprochenen Französisch hörst du oft Fragen mit Fragewort ohne ***est-ce que***.
Das Fragewort steht dabei am Ende der Frage.

1 *je fais, tu fais* – Das Verb *faire*

ERKLÄRFILM

		faire	machen
Singular	je	**fais**	ich mache
	tu	**fais**	du machst
	il / elle / on	**fait**	er macht / sie macht / wir machen
Plural	nous	**faisons**	wir machen
	vous	**faites**	ihr macht / Sie machen
	ils / ils / elles	**font**	sie machen / sie machen
Imperativ		**Fais. Faisons. Faites.**	Mach! Lasst uns machen! Macht! / Machen Sie!

Das Verb *faire* ist ein unregelmäßiges Verb. Du musst die Konjugation auswendig lernen.

Verwechsle nicht:

2. Person Plural

faire : **vous faites** ihr macht / Sie machen
être : **vous‿êtes** ihr seid / Sie sind

3. Person Plural

faire : **ils font** sie machen
être : **ils sont** sie sind
avoir : **ils‿ont** sie haben

Hast du das verstanden?

Ergänze mit der passenden Form von *faire*. ▶ Lösungen, S. 51

1 Max ? une fête.
2 Vous ? un cadeau pour Noé ?
3 Omar et Lisa ? une pizza ensemble.
4 Son amie ? une salade pour la fête.
5 Qu'est-ce que Julie et Marie ? en classe ?
6 – On ? les devoirs de français ensemble ? – Oui, bien sûr.
7 Mon copain et moi, nous ? tout ensemble.
8 – Tu ? un gâteau pour Idriss ? – Oui, je ? un gâteau au chocolat.

2 *On fait du sport.* – Das Verb *faire* und der zusammengezogene Artikel mit *de*

ERKLÄRFILM

Filou et moi, on **fait du** sport.
Filou und ich, wir machen Sport.

DAS WEISST DU

~~de + le~~ = **du**
de + la = **de la**
de + l' = **de l'**
~~de + les~~ = **des**

Die Präposition ***de*** wird mit den bestimmen Artikeln ***le*** und ***les*** zusammengezogen.

Je fais **du** basket.	Ich spiele Basketball.	Wenn du über ein Hobby sprichst, verwendest du im Französischen ***faire*** mit dem zusammengezogenen Artikel ***du / de la / de l'*** oder ***des***.
Tu fais **de la** musique.	Du machst Musik.	
Léa fait **de l'**escalade.	Léa klettert.	
Théo fait **des** photos.	Théo macht Fotos.	

Beachte:

Je fais de l'escalade.

Ich ~~mache vom Klettern~~ Ich klettere.

Im Deutschen übersetzt du *faire de* oft nicht mit *machen*, sondern zum Beispiel mit *fahren*, *klettern*, *shoppen*, *spielen*, *tanzen*, *zelten*, ...

faire	**du** **de la** **de l'** **des**	*+ Nomen*

Hast du das verstanden?

Bilde Sätze mit *faire + du / de la / de l' / des.* ▶ Lösungen, S. 51

1 Ils font • le camping.
2 Elle fait • l'escalade.
3 Léa et Paul font • les photos.
4 Sarah et Leila font • le sport.
5 Ils font • la trottinette.
6 Ils font • la musique.
7 Elle fait • le basket.
8 Marc fait • le shopping.

3 *j'achète, tu achètes* – Das Verb *acheter*

	acheter	kaufen
j'	achète	ich kaufe
tu	achètes	du kaufst
il / elle / on	achète	er kauft / sie kauft / wir kaufen
nous	achetons	wir kaufen
vous	achetez	ihr kauft / Sie kaufen
ils / ils / elles	achètent	sie kaufen / sie kaufen

Imperativ Achète. Achetons. Achetez.
Kauf! Lasst uns kaufen! Kauft! / Kaufen Sie!

Das Verb ***acheter*** ist ein regelmäßiges Verb auf ***-er*** mit einer Besonderheit:
Alle Formen von ***acheter*** bis auf ***nous*** und ***vous*** haben ein ***-è-***.

Hast du das verstanden?

Ergänze mit den passenden Verbformen von *acheter*. ▶ Lösungen, S. 51

1 Elle ? un gâteau et il ? des croissants.
2 – Qu'est-ce que j' ? pour Julie ? – Je ne sais pas.
3 Moi et Lisa, nous ? un maillot de foot.
4 Vous ? des mangas et des livres.
5 Léa et Marie ? un cadeau pour Léo ensemble.
6 On pourrait ? une BD ou un manga.
7 – Tu ? des pâtisseries ? – Oui, ça marche !

4 *Elle est grande.* – Die Angleichung der Adjektive

ERKLÄRFILM

DAS WEISST DU

Il/Elle est	**cool.** **super.** **sympa.** **chou.**	Ils/Elles sont	**cool.** **super.** **sympa.** **chou.**

Mit Adjektiven kannst du Lebewesen oder Sachen beschreiben.
Diese vier Adjektive sind unveränderlich.

Il est **grand**.	Elle est **grande**.	Im Französischen gleichst du das Adjektiv an das Nomen an.
Er ist groß.	Sie ist groß.	

	männlich			weiblich		
Singular	Il est	petit. joli. drôle.	Er ist klein. Er ist hübsch. Er ist lustig.	Elle est	petite. jolie. drôle.	Sie ist klein. Sie ist hübsch. Sie ist lustig.
Plural	Ils sont	petits. jolis. drôles.	Sie sind klein. Sie sind hübsch. Sie sind lustig.	Elles sont	petites. jolies. drôles.	Sie sind klein. Sie sind hübsch. Sie sind lustig.

Für die weibliche Form hängst du ein ***-e*** an das Adjektiv an, für die Pluralformen ein ***-s***. Endet die männliche Form auf ***-e*** (z. B. *drôle*), hängst du kein ***-e*** mehr an.

Aussprache:

Bei Adjektiven, die auf ***-d*** und ***-t*** enden, hört man das ***-e*** der weiblichen Form.
Le garçon est petit. [pəti]   La fille est petite. [pətit]

Bei Adjektiven wie *joli* hörst du bei den vier Formen keinen Unterschied, du schreibst sie aber alle anders:
joli   jolie   jolis   jolies [ʒɔli]

Beachte:

Ein paar Adjektive sind unregelmäßig:

blanc → Il est blanc. Elle est blanche.
Ils sont blancs. Elles sont blanches.
sportif → Il est sportif. Elle est sportive.
Ils sont sportifs. Elles sont sportives.
végétarien → Il est végétarien. Elle est végétarienne.
Ils sont végétariens. Elles sont végétariennes.

Hast du das verstanden?

a Ergänze mit den richtigen Formen der Adjektive. ▶ Lösungen, S. 51

1 Mes parents sont ?. (*cool*)
2 Sa chambre est ?. (*grand*)
3 Mon amie est ?. (*timide*)
4 Mon chien est ? et ?. (*noir/blanc*)
5 Ses chats sont ?. (*moche*)
6 Les bureaux de la classe sont ? et ?. (*vert/rouge*)
7 Ma sœur est très ? et ?. (*petit/joli*)
8 Marie, tu es très ? ! (*sportif*)
9 Mon copain Léo est ?. (*drôle*)
10 Mon chien est ? depuis lundi. (*triste*)

b Ergänze die Sätze mit den passenden Adjektivpaaren. Achte auf die Angleichung des Adjektivs. ▶ Lösungen, S. 52

~~grand / petit~~ • blanc / noir • vert / rouge • drôle / triste • moche / joli • cool / drôle

Exemple : La chambre de Max n'est pas ? : elle est ?
→ La chambre de Max n'est pas grande : elle est petite.

1 Le chat de Noémie n'est pas ? : il est ?.
2 Les murs de sa chambre ne sont pas ?. Il sont ? !
3 Est-ce que ta famille est ? ou ? ?
4 Elle trouve que ma plante est ?. Mais moi, je trouve qu'elle est ?.
5 Mes grands-parents sont ? et ?.

5 ..., *quand tu es là.* – Der Nebensatz mit *quand*

DAS WEISST DU

J'ai une guitare **parce que** j'adore la musique.

Du kennst schon *parce que*. Es leitet einen Nebensatz ein.

On est sportif **quand** on fait souvent du sport. Man ist sportlich, wenn man oft Sport macht. **Quand** on fait souvent du sport, on est sportif. Wenn man oft Sport macht, ist man sportlich.	***Quand*** leitet einen Nebensatz ein. Der Nebensatz mit *quand* kann **auch am Satzanfang** stehen. Die Wortstellung im französischen Nebensatz ist die gleiche wie im Hauptsatz.

quand = wenn, immer wenn

! Unterscheide:

C'est **quand**, ton anniversaire ?	Frage	Wann ist dein Geburtstag?
Quand je rentre, mon frère est là.	Nebensatz	Wenn ich nach Hause komme, ist mein Bruder da.

6 *notre, votre, leur...* – Die Possessivbegleiter im Plural

ERKLÄRFILM

DAS WEISST DU

mon copain	**ta** copine	**ses** frères
mein Freund	deine Freundin	seine/ihre Brüder

Mit Possessivbegleitern gibst du an, wem etwas gehört.
Die Possessivbegleiter im Singular ***mon***, ***ton***, ***son*** kennst du schon.

vor allen Nomen im Singular		vor allen Nomen im Plural	
notre collège	unsere Schule	**nos** copains	unsere Freunde
votre cantine	eure Kantine	**vos** copines	eure Freundinnen
leur cour	ihr Schulhof	**leurs** cahiers	ihre Hefte

Die Possessivbegleiter ***notre***, ***votre*** und ***leur*** stehen vor Nomen im Singular.
nos, ***vos*** und ***leurs*** stehen vor Nomen im Plural.
Es ist dabei egal, ob das Nomen männlich oder weiblich ist.

Aussprache: *leur* und *leurs* werden gleich ausgesprochen: [lœr]

leur chien ihr Hund

leurs chiens ihre Hunde

Aussprache:

Nos‿emplois du temps sont cool.
Ce sont vos‿élèves ? Leurs‿amis sont là.

[z] 

Denke an die Liaison (= Bindung) vor Nomen, die mit einem Vokal (*a, e, i, o, u*) beginnen.

Hast du das verstanden?

a Setze den passenden Possessivbegleiter ein. ▶ Lösungen, S. 52

1 *unsere Hausaufgaben* – ? devoirs
2 *Nina und Tom mit ihrem Hund* – Nina et Tom avec ? chien
3 *meine Eltern und ihre Cousins* – mes parents et ? cousins
4 *unser Haus* – ? maison
5 *eure Schwester* – ? sœur
6 *Rocco, Milena und ihr Bruder* – ? frère
7 *eure Hefte* – ? cahiers
8 *unser Stundenplan* – ? emploi du temps
9 *Léo und Marine mit ihren Lehrern* – Léo et Marine avec ? profs

b Ergänze die Sätze mit den passenden Possessivbegleitern. ▶ Lösungen, S. 52

1 – Vous faites ? devoirs ensemble ? – Oui, nous faisons ? devoirs ensemble.
2 Océane et Maxime parlent avec ? prof de géo.
3 Léo et Paul regardent une série avec ? copains.
4 On aime bien ? surveillants, mais on n'aime pas ? cantine.
5 Mathéo et Iris, voilà ? emploi du temps pour le mois de juin.
6 Où sont ? surveillants ?
7 – Ils habitent chez ? mère ou ? père ?
– Je pense qu'ils habitent chez ? grands-parents.
8 Rocco et Milena jouent avec ? frère.
9 Voilà ? classe et ? cours de français.

7 *Où est-ce que… ?* – Die Frage mit Fragewort und *est-ce que*

DAS WEISST DU

Est-ce que tu aimes les séries ?

Magst du Serien?

Du kennst schon Fragesätze mit ***est-ce que***.
Est-ce que wird nicht ins Deutsche übersetzt.

Où	est-ce que vous avez cours ?	Wo habt ihr Unterricht?
Quand	est-ce que tu travailles ?	Wann arbeitest du?
Pourquoi	est-ce que tu joues au foot ?	Warum spielst du Fußball?
Comment	est-ce que tu rentres ?	Wie kommst du nach Hause?

Est-ce que-Fragen kannst du auch mit Fragewörtern bilden. Du stellst das Fragewort vor ***est-ce que*** an den Anfang der Frage.

Fragewort + *est-ce que* + Aussagesatz + ?

! Beachte:

Tu t'appelles **comment** ?
Tu habites **où** ?

Wie heißt du? Wo wohnst du ?

In der gesprochenen Sprache verwendet man häufig Fragen mit Fragewort, aber ohne ***est-ce que***.

Das Fragewort steht dabei am Ende der Frage.

Hast du das verstanden?

Ergänze die Fragen mit dem entsprechenden Fragewort und *est-ce que*.

▶ Lösungen, S. 52

1 (*Wann*) tu as maths ?
2 (*Wie*) tu parles avec ta sœur ?
3 (*Wo*) elles habitent ?
4 (*Warum*) tu ne ranges pas ta chambre ?
5 (*Wie*) tu trouves ton emploi du temps ?
6 (*Wann*) vous arrivez ?

8 *lundi, le lundi* – Die Wochentage ohne und mit Artikel

Le mardi, il range toujours sa chambre.

Dienstags räumt er immer sein Zimmer auf.

Mardi, il range sa chambre.

Am Dienstag räumt er sein Zimmer auf.

Diesen Dienstag räumt er sein Zimmer auf.

Wenn du von einem einzigen, bestimmten Wochentag sprichst, verwendest du den Wochentag ohne Artikel.
Wenn aber etwas regelmäßig an einem bestimmten Tag stattfindet, also z. B. jeden Dienstag, verwendest du den bestimmten Artikel ***le***: ***le*** **mardi**.

mardi = einmalig (Wochentag ohne Artikel)
le mardi = regelmäßig (Wochentag mit Artikel)

Hast du das verstanden?

Ergänze die Wochentage mit oder ohne Artikel. ▶ Lösungen, S. 53

1 (*Freitags*), Emma fait toujours du foot.
2 (*Am Dienstag*), je fais une pizza.
3 (*Mittwochs*), j'ai deux heures de musique.
4 (*Am Sonntag*), mes parents sont chez ma tante.
5 – Tu bricoles avec moi, (*am Mittwoch*) ? – Non, (*mittwochs*), je suis chez Léa.
6 – On a cours de français, (*am Donnerstag*) ? – Non, c'est toujours (*freitags*).

9 *beaucoup de, trop de...* – Die Mengenangaben mit *de* (Teil 1)

ERKLÄRFILM

Il y a **beaucoup de** clubs.	Es gibt viele AGs.
On fait **trop de** bruit.	Wir machen zu viel Lärm.
Il **n'**y a **pas assez d'**ordinateurs.	Es gibt nicht genügend Computer.

Nach Mengenangaben steht im Französischen immer ***de*** und danach das Nomen ohne Artikel.
Vor einem Vokal oder einem stummen ***h-*** wird ***de*** zu ***d'*** verkürzt.

Nous **n'**avons **pas de** devoirs. Wir haben keine Hausaufgaben.	Auch die Verneinung mit ***ne... pas de*** ist eine Mengenangabe. Sie bezeichnet eine „Nullmenge."

❗ **Beachte: ne... pas** nicht ↔ **ne... pas de/d'** kein/keine/keinen

- 🇫🇷 Elle fait **beaucoup de** bruit.
- 🇬🇧 She makes **a lot of** noise.
- 🇩🇪 Sie macht **viel** ■ Lärm.

Die Mengenangaben bildest du wie im Englischen.
Nur im Deutschen steht das Nomen ohne Präposition.

▶▶▶

Mengenangaben + *de/d'* + Nomen

Il **n'y a pas de** spaghettis.

Es gibt keine Spaghetti.

Il **n'y a pas assez de** spaghettis.

Es gibt nicht genügend Spaghetti.

Il y a **beaucoup de** spaghettis.

Es gibt viele Spaghetti.

Il y a **trop de** spaghettis.

Es gibt zu viele Spaghetti.

Hast du das verstanden?

Bilde Sätze. Verwende die Mengenangaben mit *de*. ▶ Lösungen, S. 53

(pas) beaucoup de… • trop de… • (ne… pas) assez de • ne… pas de

1	Le mercredi, on ? a ? cours de maths.	Mittwochs haben wir keinen Matheunterricht.
2	Au CDI, il y a ? tablettes pour les élèves.	In der Schulbibliothek gibt es genügend Tabletts für Schüler/-innen.
3	Mon frère fait ? bruit quand il joue.	Mein Bruder macht zu viel Lärm, wenn er spielt.
4	Elle regarde ? séries le week-end.	Sie schaut viele Serien am Wochenende an.
5	Nous n'avons ? devoirs. C'est super !	Wir haben nicht viele Hausaufgaben. Das ist toll!
6	Il y a ? élèves, mais ? de chaises dans la classe.	Es gibt viele Schüler/-innen, aber nicht genügend Stühle in der Klasse.
7	Il y a ? stylos dans ma trousse.	Es gibt zu viele Stifte in meinem Federmäppchen.

10 *Je pense que...* – Der Nebensatz mit *que*

DAS WEISST DU

Je trouve que c'est trop cher. Ich finde, dass das zu teuer ist.

Il pense qu'il a trop de devoirs.
Er denkt, dass er zu viele Hausaufgaben hat.

Lucas **trouve que** les devoirs le week-end, c'est nul.

Lucas findet, dass Hausaufgaben am Wochenende doof sind.

Romy **pense que** Marine aime le cadeau.

Romy denkt, dass Marine das Geschenk mag.

Im Französischen leitet ***que*** einen Nebensatz ein. *que* übersetzt du mit „dass".
Vor Vokal und stummem ***h-*** wird ***que*** zu ***qu'*** verkürzt.

Im Deutschen kann man in der Umgangssprache das „dass" weglassen.
Im Französischen jedoch nicht.

🇫🇷 Le livre ? Je trouve **qu'il** est super.

🇩🇪 Das Buch? Ich finde, es ist toll. / Ich finde, **dass** es toll ist.

Mit *je trouve que* sagst du deine Meinung zu einer bestimmten Idee oder Sache.

Hast du das verstanden?

Bilde Sätze mit *je pense que...* oder *je trouve que...* ▶ Lösungen, S. 53

1 Elle est timide.
2 C'est dommage !
3 Le club de musique est super.
4 Il n'y a pas assez de plantes dans ma chambre.
5 On a trop d'heures de maths.
6 C'est mon endroit préféré.
7 On regarde trop de vidéos en cours.
8 Il n'y a pas assez de récréations.

11 *Il est huit heures.* – Die Uhrzeit

1  Il est une heure.	2  Il est deux heures cinq.	3  Il est neuf heures **et quart**.	4  Il est quatre heures vingt.
5  Il est onze heures **et demie**.	6  Il est trois heures moins vingt-cinq.	7  Il est quatre heures **moins le quart**.	8  Il est onze heures moins dix.

Bis zur halben Stunde zählst du die Minuten zu der vollen Stunde dazu. Ab der halben Stunde ziehst du die Minuten von der nächsten vollen Stunde ab.

Du ziehst ab:		Du zählst dazu:
–	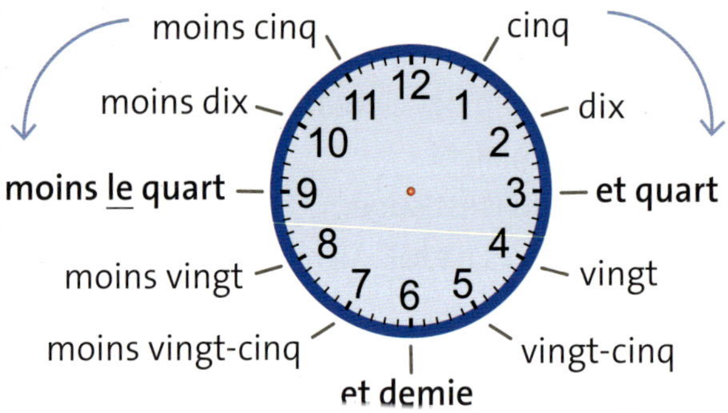	+

12:00	Il est midi. Es ist Mittag.	00:00	Il est minuit. Es ist Mitternacht.

Beachte:
17:15 Il est cinq heures **et** quart. 16:45 Il est cinq heures **moins le** quart.
Bei „Viertel nach" steht kein Artikel. Bei „Viertel vor" steht der bestimmte Artikel.

Aussprache: Achte auf die Liaison nach den Konsonanten wie
deux‿heures, trois‿heures, six‿heures, neuf‿heures, dix‿heures

12 ... *pour regarder un film* – *pour* + Infinitiv

C'est mon endroit préféré	**pour travailler**.
Das ist mein Lieblingsort,	um zu lernen.
Léa est dans sa chambre	**pour regarder** une série.
Léa ist in ihrem Zimmer,	um eine Serie anzusehen.

Mit ***pour*** + ***infinitif*** kannst du ausdrücken, wozu etwas dient oder mit welcher Absicht jemand etwas macht.

🇫🇷	🇩🇪
L'ordinateur est super pour surfer sur Internet.	Der Computer ist super, um im Internet zu surfen.

Der Infinitiv mit ***pour*** entspricht dem deutschen „um ... zu".

Hast du das verstanden?

Ergänze die Sätze. Verwende dazu *pour* + *infinitif*. ▶ Lösungen, S. 53

Exemple : Arthur est dans le salon avec son père. • regarder un match de foot → Arthur est dans le salon avec son père pour regarder un match de foot.

1 C'est mon endroit préféré. • faire une balade
2 Mon lit est génial. • regarder un film
3 Ma tante est à Paris. • faire du shopping
4 Est-ce que tu as des vêtements ? • faire du sport
5 Le Centquatre, c'est génial. • faire de la danse
6 Je t'invite aux Halles. • écouter un concert
7 Le mercredi, il est au théâtre. • faire un atelier

13 *je vais, tu vas* – Das Verb *aller*

ERKLÄRFILM

	aller	gehen, fahren
je	**vais**	ich gehe, fahre
tu	**vas**	du gehst, fährst
il elle on	**va**	er geht, fährt sie geht, fährt wir gehen, fahren
nous	**allons**	wir gehen, fahren
vous	**allez**	ihr geht, fährt / Sie gehen, fahren
ils elles	**vont**	sie gehen, fahren sie gehen, fahren

Imperativ **Va.** Geh! **Allons.** Gehen wir! **Allez.** Geht! / Gehen Sie!

Das Verb ***aller*** ist ein unregelmäßiges Verb. Du musst die Konjugation auswendig lernen.

Aussprache:
nous‿allons [z]
vous‿allez
Beachte bei der 1. und 2. Person Plural die Liaison.

Beachte:

ils **font** (faire)	sie machen
ils **vont** (aller)	sie gehen, fahren
ils **sont** (être)	sie sind
ils‿**ont** (avoir)	sie haben

Hast du das verstanden?

Ergänze mit den passenden Verbformen von *aller*. ▶ Lösungen, S. 54

1 Vous ? à Marseille ? – Non ! Nous ? à Paris !
2 Alexandre ? à la piscine.
3 Léa et Hugo ne ? pas à la cantine aujourd'hui.
4 Le week-end, on ? à Paris, chez mon oncle.
5 Mercredi, les élèves de la sixième ? au théâtre.

14 *au, aux* – Der zusammengezogene Artikel mit *à*

ERKLÄRFILM

Le concert **au** parc est génial.

Das Konzert im Park ist genial.

DAS WEISST DU

faire **du sport** — Sport machen

à droite **des** photos — rechts von den Fotos

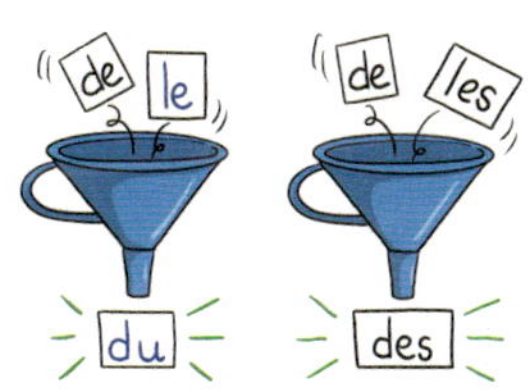

de und ***à*** sind Präpositionen.
de wird mit *le* und ***les*** zusammengezogen.

Ma mère travaille **au** collège. Meine Mutter arbeitet in der Schule.	à + **le** collège
Les élèves vont **à la** cantine. Die Schüler/-innen gehen in die Kantine.	à + **la** cantine
Ils sont **à** l'atelier de danse. Sie sind beim Tanzworkshop.	à + **l'**atelier
Gabin va **aux** toilettes. Gabin geht auf die Toilette.	à + **les** toilettes

Die Präposition ***à*** wird mit den bestimmten Artikeln *le* und ***les*** zusammengezogen.
Mit *la* und ***l'*** ziehst du die Präposition ***à*** nicht zusammen.

▶▶▶

~~à + le~~ = au	à + l' = à l'
à + la = à la	~~à + les~~ = aux

Aussprache:
au und ***aux*** sprichst du gleich aus.

Hast du das verstanden?

a ***au*****,** ***à la*****,** ***à l'*** **oder** ***aux*****? Ergänze diese Sätze.** ▶ Lösungen, S. 54

1 Mardi, je vais ? piscine.
2 Léa travaille souvent ? CDI.
3 – Où est Théo ? – Il est ? toilettes.
4 On va ? atelier de danse.
5 Jeudi, la cinquième B va ? parc.
6 Sarah va ? boulangerie.
7 Ma corres aime aller ? quartier des Halles.

b ***au*****,** ***à la*****,** ***à l'*****,** ***aux*** **oder** ***du*****,** ***de la*****,** ***de l'*****,** ***des*****? Ergänze diese Sätze.** ▶ Lösungen, S. 54

1 La cantine est à droite ? toilettes.
2 Je fais ? basket et je suis ? club de théâtre du collège. Et toi ?
3 Tu vas ? anniversaire de Selma ?
4 On va ? concert ou on fait ? trottinette ?
5 Samedi, nous faisons ? escalade, puis nous allons ? cinéma.
6 Regarde ma cousine sur la photo. Elle est à gauche ? mon frère.

15 *je veux, tu veux* – Das Verb *vouloir*

ERKLÄRFILM

	vouloir	wollen
je	**veux**	ich will
tu	**veux**	du willst
il elle on	**veut**	er will sie will wir wollen
nous	**voulons**	wir wollen
vous	**voulez**	ihr wollt / Sie wollen
ils elles	**veulent**	sie wollen sie wollen

Das Verb ***vouloir*** ist ein unregelmäßiges Verb.
Du musst die Konjugation auswendig lernen.

Hast du das verstanden?

a Ergänze die passende Form von *vouloir*. ▶ Lösungen, S. 54

elle ? • tu ? • on ? • nous ? • elles ? • je ? • vous ? • il ? • ils ?

b Ergänze die Sätze mit der passenden Form von *vouloir*. ▶ Lösungen, S. 54

1 – Vous ? acheter une baguette ? – Non, nous ? des croissants.
2 – Tu ? aller au cinéma ce week-end ? – Oui, je ? regarder « Spiderman 4 ».
3 Léa et Marie ? faire de la moto, mais leurs parents ne ? pas.
4 – Tu ? jouer à Minecraft ? – Non, je n'ai pas de console.
5 Madame Moreau ? aller au cinéma, mais sa famille ne ? pas.

16 *je peux, tu peux* – Das Verb *pouvoir*

ERKLÄRFILM

	pouvoir	können
je	**peux**	ich kann
tu	**peux**	du kannst
il elle on	**peut**	er kann sie kann wir können
nous	**pouvons**	wir können
vous	**pouvez**	ihr könnt / Sie können
ils elles	**peuvent**	sie können sie können

Das Verb ***pouvoir*** ist ein unregelmäßiges Verb. Es wird wie ***vouloir*** konjugiert. Du musst die Konjugation auswendig lernen.

Pouvoir und ***vouloir*** sind Modalverben.

🇫🇷	🇩🇪
Elle **veut** chanter.	Sie will singen.
Nous **pouvons** jouer.	Wir können spielen.

Nach einem Modalverb folgt ein Infinitiv. Das ist wie im Deutschen.

Subjekt		Modalverb		Infinitiv	
Jeanne	ne	veut	pas	dessiner.	Jeanne will nicht zeichnen.
Farah	ne	peut	pas	dessiner.	Farah kann nicht zeichnen.

In einem Satz mit Modalverb umschließen ***ne*** und ***pas*** das Modalverb. Der Infinitiv steht außerhalb dieser Verneinungsklammer.

Hast du das verstanden?

a Ergänze die passende Form von *pouvoir*. ▶ Lösungen, S. 54

elle ? • tu ? • on ? • nous ? • elles ? • je ? • vous ? • il ? • ils ?

b Ergänze die Sätze mit der passenden Form von *pouvoir*. ▶ Lösungen, S. 55

1 Je ne ? pas jouer avec toi. Je suis malade.
2 Il ne ? pas faire ses devoirs parce qu'il n'a pas de stylo.
3 Tu ? passer chez moi à midi ?
4 Nous ne ? pas aller au concert.
5 Vous ? aller au cinéma ? Moi, je ne ? pas.
6 Ils vont au parc parce qu'ils ? retrouver leurs copains ici.

c Setze die Verben *pouvoir* oder *vouloir*. ▶ Lösungen, S. 55

1 Nous ne ? pas acheter ce livre. Il est trop cher !
2 Est-ce que tu ? rentrer en bus avec moi aujourd'hui ?
3 Mes parents ne ? pas avoir un chien. Ils ont une allergie.
4 Nous n'avons pas cours de SVT. On ? rentrer chez nous.
5 – Est-ce qu'on ? faire nos devoirs ensemble ? – D'accord, je ? bien.
6 – Vous ? aller au cinéma samedi ?
– Moi, je ne ? pas parce que j'ai les deux chats de ma grand-mère chez moi.

17 *On va travailler.* – Das *futur composé*

ERKLÄRFILM

Mit dem ***futur composé*** sprichst du über Vorhaben oder Pläne.

	aller	Infinitiv	
Je	**vais**	**faire** la fête.	Ich werde feiern.
Tu	**vas**	**bricoler**.	Du wirst basteln.
Il/Elle/On	**va**	**travailler**.	Er/Sie/Man wird arbeiten.
Nous	**allons**	**faire** du camping.	Wir werden zelten.
Vous	**allez**	**chanter**.	Ihr werdet singen.
Ils/Elles	**vont**	**dessiner**.	Sie werden zeichnen.

Das ***futur composé*** bildest du mit dem Präsens von *aller* und einem Infinitiv.

futur composé:
Präsens von ***aller*** + Infinitiv

Je **ne** **vais** **pas** **aller** au cinéma.
Ich werde nicht ins Kino gehen.

In einem verneinten Satz mit ***futur composé*** umschließt die Verneinungsklammer das konjugierte Verb (= die Form von ***aller***). Der Infinitiv steht hinter ***pas***.

Hast du das verstanden?

a Bilde die Sätze. ▶ Lösungen, S. 55

Exemple : Papa, elle • manger mes gâteaux ! • va
→ Papa, elle va manger mes gâteaux !

1 On • aller au restaurant. • va
2 faire une balade. • Mathis et Lisa • vont
3 allez • Vous • regarder le match ?
4 Est-ce que tu • inviter Léa ? • vas
5 travailler. • Mercredi, • ne vais pas • je
6 Elles • manger à la cantine. • vont
7 allons • Nous • faire du basket.
8 Vous • prendre un dessert ? • allez

b Setze die Verben in Klammern ins *futur composé*. ▶ Lösungen, S. 55

Exemple : Après l'école, Maxime (aller) chez Anissa.
→ Après l'école, Maxime va aller chez Anissa.

1 Anissa et Mehdi (*ranger*) leurs chambres.
2 Tu (*regarder*) une série avec moi ?
3 Je (*ne regarder pas*) ma série préférée parce que je (*bricoler*) avec mon grand-père.
4 Nous (*faire*) du basket.
5 Vous (*présenter*) une chanson en classe.
6 Ils (*ne faire pas*) du shopping.
7 Qu'est-ce que vous (*utiliser*) lundi pour votre exposé ?
8 Mes cousins (*rester*) ici et on (*jouer*) à Minecraft ensemble.

18 *du sucre, de la pizza* – Der Teilungsartikel

ERKLÄRFILM

DAS WEISST DU

J'écoute **de la** musique.	Ich höre ■ Musik.
Elle fait **du** foot.	Sie spielt ■ Fussball.
On fait **de l'**escalade	Wir gehen ■ klettern.
Ils font **des** pizzas.	Sie backen ■ Pizzen.

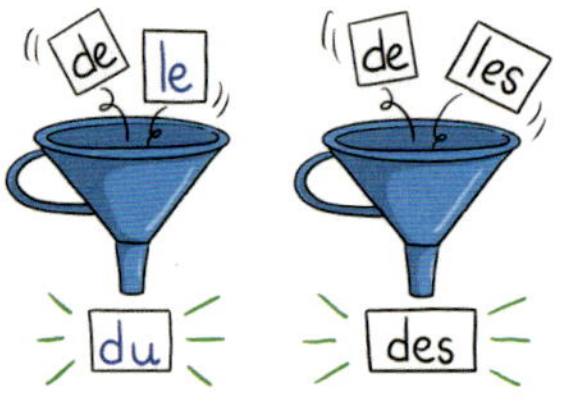

Elle écoute **de la** musique et elle mange **de la** salade.

Sie hört Musik und isst Salat.

Il faut	**du**	lait.	Wir brauchen ■ Milch.	Bei unbestimmten Mengen verwendest du im Französischen den Teilungsartikel: ***du***, ***de la***, ***de l'***, ***des***.
Je mange	**de la**	pizza.	Ich esse ■ Pizza.	
Il a	**de l'**	argent.	Er hat ■ Geld.	
J'achète	**des**	pâtes.	Ich kaufe ■ Nudeln.	

J'écoute de la musique. Ich höre ■ Musik.	Im Deutschen gibt es keinen Teilungsartikel.

Hast du das verstanden?

Ergänze mit dem passenden Teilungsartikel. ▶ Lösungen, S. 56

1 Pour faire un croque-monsieur, j'achète ? jambon et ? fromage.
2 – J'adore manger ? pâtes avec ? sauce. – Moi, je préfère manger ? gratin.
3 Pour le gâteau, il faut ? lait, ? sucre, ? farine et ? œufs.
4 – Tu as ? argent ? – Oui, j'ai huit euros.
5 – Nous avons encore ? pâtisseries ? – Oui, il reste ? gâteau.

19 *je prends, tu prends* – Das Verb *prendre*

ERKLÄRFILM

	prendre	nehmen
je	**prends**	ich nehme
tu	**prends**	du nimmst
il elle on	**prend**	er nimmt sie nimmt wir nehmen
nous	**prenons**	wir nehmen
vous	**prenez**	ihr nehmt / Sie nehmen
ils elles	**prennent**	sie nehmen sie nehmen
Imperativ	**Prends.** Nimm! | **Prenons.** Nehmen wir!	**Prenez.** Nehmt. / Nehmen Sie!

Das Verb ***prendre*** ist ein unregelmäßiges Verb. Du musst die Konjugation auswendig lernen.

Aussprache:
nous prenons vous prenez [ə]
Das *-e-* von ***prenons*** und ***prenez*** sprichst du mit gerundeten Lippen, wie in ***le*** und ***je***.

ils/elles prennent [ɛ]
Das *-e-* von ***prennent*** sprichst du offen aus, wie in „Ente".

Hast du das verstanden?

a Ergänze mit der passenden Verbform von *prendre*. ▶ Lösungen, S. 56

elle ? • tu ? • on ? • nous ? • elles ? • je ? • vous ? • il ? • ils ?

b Ergänze die Sätze mit der passenden Verbform von *prendre*. ▶ Lösungen, S. 56

1 – Je ? le croque-monsieur. Et toi, qu'est-ce que tu ? ?
2 – Alors les filles, vous ? un dessert ? – Nous ? le gâteau aux pommes.
3 Les garçons ? la salade de fruits.
4 Est-ce qu'elle ? sa guitare pour la fête ?

20 *un paquet de...* – Weitere Mengenangaben mit *de* (Teil 2)

ERKLÄRFILM

DAS WEISST DU

Nous avons **beaucoup de** devoirs.

Wir haben viele Hausaufgaben auf.

▶ S. 23/9 Mengenangaben mit *de* (Teil 1)

J'achète **une bouteille de** coca.

Ich kaufe eine Flasche Cola.

Elle apporte **un paquet de** biscuits.

Sie bringt eine Packung Kekse mit.

Je prends **un verre de** lait.

Ich nehme ein Glas Milch.

Hier lernst du weitere Mengenangaben kennen: ***une bouteille de..., un paquet de..., un verre de...***

Beachte:

Im Deutschen steht nichts zwischen der Mengenangabe und dem Nomen.
Im Französischen und Englischen steht der Teilungsartikel ***de*** oder ***of***.

eine Flasche	■	Milch
une bouteille	de	lait
a bottle	of	milk

Hast du das verstanden?

a Gib die Mengen auf Französisch an. ▶ Lösungen, S. 56

1 Ils apportent (*ein Glas*) coca.
2 Pour le gâteau, il faut (*eine Packung*) sucre et (*zwei Gläser*) lait.
3 Pour la recette, il faut (*eine Packung*) pâtes.
4 – Nous avons assez d'eau ?
– Non. Ahmed achète encore (*zwei Flaschen*) eau.

Auf einen Blick

Bestimmte Mengen angeben

Unbestimmte Mengenangaben		
On a	beaucoup de peu de trop de assez de	chocolat. sel. jambon. farine.  
Bestimmte Mengenangaben		
On achète	une bouteille de un paquet de un verre de	coca. sucre. lait. 
pas... de		
Il n'y a pas de		viande.

Unbestimmte Mengen angeben

Teilungsartikel	
Il faut	du riz. de la farine. **de** l'eau. **des** pommes.  

Hast du das verstanden?

b Ergänze mit dem richtigen Teilungsartikel *du*, *de la*, *de l'*, *des* oder mit *de*/*d'*.

▶ Lösungen, S. 56 und Mengenangaben (Teil 1), S. 23/9

1 – Est-ce qu'il y a encore ? pâtes ? – Non, mais il y a beaucoup ? sauce.
2 – Tu n'achètes pas les baskets ? – Non, je n'ai pas assez ? argent.
3 – Pour ma fête, est-ce qu'il faut ? musique ? – Oui ! Et aussi ? gâteaux.
4 Achète ? fromage, s'il te plaît ! Est-ce que tu as assez ? argent ?
5 Il y a trop ? légumes dans ta sauce. Est-ce qu'il reste ? viande ou ? poisson ?

21 *Je n'ai rien.* – Die Verneinung mit *ne... plus*, *ne... rien* und *ne... jamais*

DAS WEISST DU

Je **n'**habite **pas** ici.
Je **ne** vais **pas** au club de foot le lundi.

Die französische Verneinung besteht aus zwei Teilen: ***ne*** und ***pas***.
Vor einem Verb, das mit Vokal oder stummem ***h-*** beginnt, wird ***ne*** zu ***n'***.

Lisa **ne** dessine **pas**.	Lisa zeichnet nicht.
Lisa **ne** dessine **rien**.	Lisa zeichnet nichts.
Lisa **ne** dessine **plus**.	Lisa zeichnet nicht mehr.
Lisa **ne** dessine **jamais**.	Lisa zeichnet nie.

Die Verneinungen ***ne... rien***, ***ne... plus***, ***ne... jamais*** verwendest du genauso wie die Verneinung ***ne... pas***: Die Verneinungswörter umschließen das Verb.

ne **n'**	+ *konjugiertes Verb* +	pas plus rien jamais

Je	**ne**	vais	**pas**	rentrer.	Ich werde nicht nach Hause gehen.
Paul	**ne**	va	**plus**	bricoler.	Paul wird nicht mehr basteln.
Alex	**ne**	peut	**jamais**	faire la fête.	Alex kann nie feiern.
Lisa	**ne**	veut	**rien**	écouter.	Lisa will nichts hören.

Auch beim ***futur composé*** schließen die Verneinungswörter die konjugierte Präsensform von ***aller*** ein. Bei den Modalverben ***pouvoir*** und ***vouloir*** wird das Modalverb eingeschlossen.

Auf einen Blick Die Verneinungen

ne... pas	nicht	**ne... pas de**	kein/keine/keinen	**ne... rien**	nichts
ne... plus	nicht mehr	**ne... plus de**	kein/keine/keinen mehr	**ne... jamais**	nie

Unterscheide:

Je **ne** peux **plus** rentrer. — Ich kann nicht mehr nach Hause gehen.
Je **n'**ai **plus de** baskets. — Ich habe keine Sportschuhe mehr.

Hast du das verstanden?

Ergänze mit *ne... pas, ne... plus, ne... rien* oder *ne... jamais*. ▶ Lösungen, S. 56

1 *Ich will nichts essen.*	Je ? veux ? manger.
2 *Sie geht nie ins Einkaufszentrum.*	Elle ? va ? au supermarché.
3 *Sie sind keine Freunde mehr.*	Ils ? sont ? amis.
4 *Ich kann nichts zeichnen.*	Je ? peux ? dessiner.
5 *Er will nie seine Kekse teilen.*	Il ? veut ? partager ses gâteaux.
6 *Ich habe keinen Hunger mehr.*	Je ? ai ? faim.
7 *Wir haben nie Hausaufgaben auf.*	On ? a ? des devoirs.
8 *Meine Mutter kauft keinen Zucker.*	Ma mère ? achète ? sucre.

22 *je mets, tu mets* – Das Verb *mettre*

ERKLÄRFILM

	mettre	stellen, setzen, legen
je	**mets**	ich stelle, setze, lege
tu	**mets**	du stellst, setzt, legst
il elle on	**met**	er stellt, setzt, legt sie stellt, setzt, legt wir stellen, setzen, legen
nous	**mettons**	wir stellen, setzen, legen
vous	**mettez**	ihr stellt, setzt, legt / Sie stellen, setzen, legen
ils elles	**mettent**	sie stellen, setzen, legen

Imperativ **Mets.** **Mettons.** **Mettez.**
Stelle! Stellen wir! Stellt! / Stellen Sie!

Das Verb ***mettre*** ist ein unregelmäßiges Verb. Du musst die Konjugation auswendig lernen.

Manchmal hat ***mettre*** eine andere Bedeutung, z. B.
***mettre** la table* den Tisch decken

Hast du das verstanden?

a Konjugiere alle Formen von *mettre*. ▶ Lösungen, S. 57

elle ? • tu ? • on ? • nous ? • elles ? • je ? • vous ? • il ? • ils ?

b Ergänze die Sätze mit den Formen von *mettre*. ▶ Lösungen, S. 57

1 Tu ? les verres sur la table, s'il te plaît ?
2 Vous ? du poisson dans la sauce ?
3 Madeleine ? un paquet de gâteaux dans son sac.
4 J'adore ? du sucre sur ma crêpe.
5 Où est-ce que je ? tes clés ? – Sur le bureau, s'il te plaît.
6 ? vos livres sur la table, s'il vous plaît !
7 Mon frère et moi ? toujours la table le midi.

23 *Il faut écouter.* – *il faut* + Infinitiv

DAS WEISST DU

Il faut du riz.	Wir brauchen Reis.
Il ne **faut** pas de sucre.	Wir brauchen keinen Zucker.

Il faut + Nomen übersetzt du *man braucht / wir brauchen*.

Il faut écouter la prof.	Man muss der Lehrerin zuhören.
Il faut faire ses devoirs.	Man muss seine Hausaufgaben machen.
Il faut mettre la table.	Wir müssen den Tisch decken.

Il faut ist eine feststehende Wendung, nach der das Verb im Infinitiv steht.
Il faut + Infinitiv übersetzt du mit *wir müssen* oder *man muss*.

Il ne faut pas gaspiller l'eau.	Wir dürfen das Wasser nicht verschwenden.
Il ne faut pas être triste.	Wir sollen nicht traurig sein.

Il ne faut pas + Infinitiv übersetzt du mit *wir sollen/dürfen nicht* oder *man soll/darf nicht*.

! **Unterscheide:**

Il faut + Infinitiv = man muss / wir müssen
Il faut + Nomen = man braucht / wir brauchen

Unité 5 C'est les vacances !

24 *ce, cette* – Die Demonstrativbegleiter

	männlich		weiblich
	vor Konsonant	vor Vokal und stummem *h-*	vor Konsonant und Vokal
Singular	**ce** garçon dieser Junge	**cet**‿ami / **cet** hôtel dieser Freund / dieses Hotel	**cette** fille / **cette** idée dieses Mädchen / diese Idee
Plural	**ces** garçons diese Jungen	**ces**‿amis / **ces**‿hôtels diese Freunde / diese Hotels	**ces** filles / **ces**‿idées diese Mädchen / diese Ideen

Wie im Deutschen steht im Französischen der Demonstrativbegleiter vor einem Nomen. Er wird an das Nomen angeglichen.
Statt *le* steht *ce*. Statt *l'* steht *cet* vor männlichen Nomen.
Statt *la* und *l'* steht *cette* vor weiblichen Nomen.
Statt ***les*** steht ***ces***.

Aussprache:
cette und ***cet*** werden gleich ausgesprochen: **cette armoire**, **cet ordinateur** [sɛt].
Beachte die Liaison bei ***ces*** vor Vokal und stummem ***h-***: **ces‿idées**, **ces‿hôtels**.

Beachte:

ce matin	heute Morgen	**cet** après-midi	heute Nachmittag
ce soir	heute Abend	**cette** nuit	heute Nacht

Bei der Angabe von Tageszeiten wird ***ce*** mit „heute" übersetzt.

Hast du das verstanden?

Ergänze mit dem passenden Demonstrativbegleiter *ce*, *cet*, *cette* oder *ces*.

▶ Lösungen, S. 57

1 On prend ? sac ou ? plante comme cadeau ?
2 Regarde ? ascenseur. Il est grand !
3 Je voudrais acheter ? livre et ? stylos, s'il vous plaît.
4 Comment est-ce que tu trouves ? chanson ?

25 *J'ai mangé.* – Das *passé composé*

Il **va regarder** un film.
Er wird einen Film sehen.

Il **regarde** son film préféré.
Er sieht seinen Lieblingsfilm.

Il **a regardé** quatre films.
Er hat vier Filme gesehen.

Wenn du über etwas sprichst, das in der Vergangenheit geschehen ist, verwendest du das ***passé composé***.

25.1 *Il a regardé.* – Das *passé composé* mit *avoir*

ERKLÄRFILM

	visiter		besichtigen	
	Hilfsverb *avoir*	Partizip Perfekt		
j'	**ai**	**visité**	ich habe	besichtigt
tu	**as**	**visité**	du hast	besichtigt
il / elle / on	**a**	**visité**	er hat / sie hat / wir haben	besichtigt
nous	**avons**	**visité**	wir haben	besichtigt
vous	**avez**	**visité**	ihr habt / Sie haben	besichtigt
ils / elles	**ont**	**visité**	sie haben	besichtigt

Das ***passé composé*** bildest du mit der konjugierten Form von ***avoir*** im **Präsens** und dem **Partizip Perfekt** eines Verbs.
Bei den regelmäßigen Verben auf ***-er*** endet das Partizip Perfekt auf ***-é***, z. B. *visiter* → *visité*

Das Perfekt im Deutschen wird genauso gebildet wie das ***passé composé***. Steht im Deutschen das Hilfsverb *haben*, dann bildest du das ***passé composé*** fast immer auch mit ***avoir***. J'**ai** dessiné. Ich **habe** gezeichnet.

25.2 *Elle est rentrée.* – Das *passé composé* mit *être*

ERKLÄRFILM

1 Il est allé à Paris.
Er ist nach Paris gefahren.

2 Elle est allée à Paris.
Sie ist nach Paris gefahren.

3 Ils sont allés à Paris.

4 Elles sont allées à Paris.

5 Ils sont allés à Paris

Sie sind nach Paris gefahren.

Manche französische Verben bilden das ***passé composé*** mit ***être***, genauso wie einige deutsche Verben mit *sein*. Beim ***passé composé*** mit ***être*** musst du das Partizip Perfekt angleichen. Das kennst du schon von den Adjektiven. ▶ S. 16/4

	aller		gehen, fahren	
	Hilfsverb *être*	Partizip Perfekt		
je	suis	allé/allée	ich bin	gegangen, gefahren
tu	es	allé/allée	du bist	gegangen, gefahren
il	est	allé	er ist	gegangen, gefahren
elle	est	allée	sie ist	gegangen, gefahren
on	est	allés/allées	wir sind	gegangen, gefahren
nous	sommes	allés/allées	wir sind	gegangen, gefahren
vous	êtes	allés/allées	ihr seid / Sie sind	gegangen, gefahren
ils	sont	allés	sie sind	gegangen, gefahren
elles	sont	allées	sie sind	gegangen, gefahren

Bei ***vous*** als Höflichkeitsform (*Sie* = für eine Person, die du siezt) gibt es zwei weitere Formen des Partizip Perfekt.

- *Monsieur, vous êtes allé à la gare ?* Sind Sie zum Bahnhof gegangen? Sie = (männlich)
- *Madame, vous êtes allée à la gare ?* Sind Sie zum Bahnhof gegangen? Sie = (weiblich)

Angleichung des Partizip Perfekt im *passé composé* mit *être*

	männlich	weiblich
Singular	–	-e
Plural	-s	-es

Ausnahme:

J'**ai** été à la piscine. Ich **bin** im Schwimmbad gewesen.
Beim Perfekt von *sein* verwendest du im Deutschen das Hilfsverb *sein*: Ich **bin** gewesen.
Im *passé composé* verwendest du aber *avoir*: *J'**ai** été.*
Lerne diese Ausnahme auswendig.

Hast du das verstanden?

a Ergänze mit den Formen des Hilfsverbs *avoir*. ▶ Lösungen, S. 57

Exemple : Le prof ? corrigé nos devoirs. → Le prof a corrigé nos devoirs.

1 J'? acheté une console.
2 Mathéo et Marc ? appelé Selma.
3 Nous ? apporté une salade.
4 Tu ? mangé une pizza ?
5 Vous ? acheté le livre pour Léo ?
6 Elle ? travaillé au collège.

b Setze die Verben ins *passé composé*. ▶ Lösungen, S. 57

Exemple : Ma sœur est ? dans l'eau. (rester) → Ma sœur est restée dans l'eau.

1 Paul est ? à la plage. (*aller*) • 2 Mathilde et Selma sont ? à 10 heures. (*arriver*) • 3 Hier, Théo et moi, nous sommes ? à la maison. (*rester*) • 4 Tu es ? chez toi après le collège, Manon ? (*rentrer*) • 5 Ma copine Léa est ? par le parc. (*passer*)

c Setze das richtige Hilfsverb *être* oder *avoir* ein. ▶ Lösungen, S. 57

Exemple : Elle ? fait de l'escalade ? → Elle a fait de l'escalade.

1 Hier, Marco et moi, nous ? rentrés à 7 heures. • 2 Elle ? fait du volleyball samedi. • 3 Où est-ce qu'elles ? restées le soir ? • 4 Ils ? acheté une console ? • 5 Est-ce qu'elles ? allées à Paris, lundi ? • 6 Est-ce qu'il ? fait froid mardi ?

25.3 *j'ai mis* – Das Partizip Perfekt

ERKLÄRFILM

Verben auf *-er*

appel**er**	→ appel**é**	anrufen	→ angerufen
arriv**er***	→ arriv**é/e**	ankommen	→ angekommen
mang**er**	→ mang**é**	essen	→ gegessen
prépar**er**	→ prépar**é**	vorbereiten	→ vorbereitet
regard**er**	→ regard**é**	ansehen, anschauen	→ angesehen, angeschaut
rest**er***	→ rest**é/e**	bleiben	→ geblieben
visit**er**	→ visit**é**	besichtigen	→ besichtigt
usw.			

Für das ***passé composé*** benötigst du das Partizip Perfekt.
Bei den regelmäßigen Verben auf ***-er*** endet das Partizip Perfekt auf ***-é***.
Beim ***passé composé*** mit ***être**** musst du das Partizip Perfekt angleichen:
*il est **resté** / il sont **restés** / elle est **restée** / elles sont **restées***

▶ S. 46/25.2 Das *passé composé* mit *être*

Unregelmäßige Verben

Einige Verben haben unregelmäßige Partizipien. Lerne sie auswendig:

avoir	→ eu	haben	→ gehabt
être	→ été	sein	→ gewesen
faire	→ fait	machen	→ gemacht
mettre	→ mis	legen, stellen, setzen	→ gelegt, gestellt, gesetzt
pouvoir	→ pu	können	→ gekonnt
prendre	→ pris	nehmen	→ genommen
vouloir	→ voulu	wollen	→ gewollt

Hast du das verstanden?

Ergänze die Sätze mit dem Partizip Perfekt des Verbs unter Klammer. Gleiche das Partizip nach *être* an. ▶ Lösungen, S. 58

Exemple : Nous avons ? le bus. (prendre) → Nous avons pris le bus.

1 Paul n'a pas ? le temps. (*avoir*)
2 Ma tante est ? au cinéma. (*aller*)
3 On a ? manger une pizza. (*vouloir*)
4 Tu as ? la table ? (*mettre*)
5 Alexandre et Bilal ont ? deux gâteaux. (*manger*)
6 J'ai ? de l'escalade. (*faire*)
7 Mathilde, tu as ? ta grand-mère ? (*appeler*)
8 Vous avez ? aller à la plage samedi ? (*pouvoir*)
9 Qu'est-ce que tu as ? au supermarché ? (*acheter*)

25.4 *Je n'ai pas travaillé.* – Die Verneinung im *passé composé*

ERKLÄRFILM

			Hilfsverb		
Laure a dessiné.	Laure	n'	a	pas	dessiné.
Laure hat gezeichnet.	Laure hat nicht gezeichnet.				
Ils sont arrivés ?	Ils	ne	sont	pas	arrivés.
Sind sie angekommen?	Sie sind nicht angekommen.				

Wenn du einen Satz im ***passé composé*** verneinst, umschließen die Verneinungswörter ***ne/n'*** und ***pas*** das konjugierte Hilfsverb ***avoir*** oder ***être***.

▶▶▶

Je n' ai pas rangé.

Verneinung beim *passé composé*:
ne/n' + konjugierte Form von *avoir/être* + *pas* + Partizip Perfekt

		Hilfsverb		
Je	**n'**	ai	**rien**	fait.
Ich habe nichts gemacht.				
Nous	**ne**	sommes	**jamais**	arrivés.
Wir sind nie angekommen.				
Ils	**n'**	ont	**plus**	rigolé.
Sie haben nicht mehr gelacht.				

Die Verneinungswörter ***ne... rien*, *ne... jamais*, *ne... plus*** umschließen wie ***ne... pas*** auch die Hilfsverben *avoir* oder *être*.

Hast du das verstanden?

a Verneine die Sätze im *passé composé*. ▸ Lösungen, S. 58

Exemple : Tu as été malade ? Non, je ? malade. → Non, je n'ai pas été malade.

1 – Tu as regardé la série ? – Non, je ? cette série.
2 – Il est allé à la plage ? – Non, il ? à la plage.
3 – Elle est restée à la cantine ? – Non, elle ? à la cantine.
4 – Matéo et Louise ont mangé le gâteau ? – Non, ils ? le gâteau.
5 – Vous avez appelé Louise ? – Non, nous ? Louise.

b Setze die Sätze ins *passé composé*. ▸ Lösungen, S. 58

Exemple : Aujourd'hui, je ne fais pas mes devoirs. → Samedi, je n'ai pas fait mes devoirs.

1 Aujourd'hui, il ne va pas à Paris. En été, __
2 Aujourd'hui, elles n'écoutent pas de rap. En vacances, __
3 Aujourd'hui, nous n'allons pas au cinéma. Lundi, __
4 Vous ne bricolez pas ? Pendant les vacances, __
5 Aujourd'hui, je ne prends pas le bus. Mardi, __
6 Ce soir, ils ne peuvent pas passer chez nous. Samedi, __

1 Lösungen | Solutions

Unité 1 • Joyeux anniversaire

Seite 13

1 Max **fait** une fête.
2 Vous **faites** un cadeau pour Noé ?
3 Omar et Lisa **font** une pizza ensemble.
4 Son amie **fait** une salade pour la fête.
5 Qu'est-ce que Julie et Marie **font** en classe ?
6 On **fait** les devoirs de français ensemble ? – Oui, bien sûr.
7 Mon copain et moi, nous faisons tout ensemble.
8 – Tu **fais** un gâteau pour Idriss ? – Oui, je **fais** un gâteau au chocolat.

Seite 14

1 Ils font **du** camping.
2 Elle fait de l'escalade.
3 Léa et Paul font **des** photos.
4 Sarah et Leila font **du** sport.
5 Ils font **de la** trottinette.
6 Ils font **de la** musique.
7 Elle fait **du** basket.
8 Marc fait **du** shopping.

Seite 15

1 Elle **achète** un gâteau et il **achète** des croissants.
2 – Qu'est-ce que j'**achète** pour Julie ? – Je ne sais pas.
3 Moi et Lisa, nous **achetons** un maillot de foot.
4 Vous **achetez** des mangas et des livres.
5 Léa et Marie **achètent** un cadeau pour Léo ensemble.
6 On pourrait **acheter** une BD ou un manga.
7 – Tu **achètes** des pâtisseries ? – Oui, ça marche !

Module A • On cherche des corres !

Seite 17

a

1 Mes parents sont **cool**.
2 Sa chambre est **grande**.
3 Mon amie est **timide**.
4 Mon chien est **noir** et **blanc**.
5 Ses chats sont **moches**.
6 Les bureaux de la classe sont **verts** et **rouges**.
7 Ma sœur est très **petite** et **jolie**.
8 Marie, tu es très **sportive** !
9 Mon copain Léo est **drôle**.
10 Mon chien est **triste** depuis lundi.

Seite 17

b

1 Le chat de Noémie n'est pas **blanc** : il est **noir**.
2 Les murs de sa chambre ne sont pas **verts**. Ils sont **rouges** !
3 Est-ce que ta famille est **drôle** ou **triste** ?
4 Elle trouve que ma plante est **moche**. Mais moi, je trouve qu'elle est **jolie**.
5 Mes grands-parents sont **cool** et **drôles**.

Unité 2 • Au collège

Seite 20

a

1 **nos** devoirs
2 Nina et Tom avec **leur** chien
3 mes parents et **leurs** cousins
4 **notre** maison
5 **votre** sœur
6 Rocco, Milena et **leur** frère
7 **vos** cahiers
8 **notre** emploi du temps
9 Léo et Marine avec **leurs** profs

b

1 – Vous faites **vos** devoir**s** ensemble ? – Oui, nous faisons **nos** devoir**s** ensemble.
2 Océane et Maxime parlent avec **leur** prof de géo.
3 Léo et Paul regardent une série avec **leurs** copain**s**.
4 On aime bien **nos** surveillant**s**, mais on n'aime pas **notre** cantine.
5 Mathéo et Iris, voilà **votre** emploi du temps pour le mois de juin.
6 Où sont **vos** surveillant**s** ?
7 – Ils habitent chez leur **mère** ou **leur** père ? – Non, je pense qu'ils habitent chez **leurs** grands-parent**s**.
8 Rocco et Milena jouent avec **leur** frère.
9 Voilà **leur** classe et **leur** cours de français.

Seite 21

1 **Quand est-ce que** tu as maths ?
2 **Comment est-ce que** tu parles avec ta sœur ?
3 **Où est-ce qu'**elles habitent ?
4 **Pourquoi est-ce que** tu ne ranges pas ta chambre ?
5 **Comment est-ce que** tu trouves ton emploi du temps ?
6 **Quand est-ce que** vous arrivez ?

Seite 22

1 **Le vendredi**, Emma fait toujours du foot.
2 **Mardi**, je fais une pizza.
3 **Le mercredi**, j'ai deux heures de musique.
4 **Dimanche**, mes parents sont chez ma tante.
5 – Tu bricoles avec moi, **mercredi** ? – Non, **le mercredi**, je suis toujours chez ma Léa.
6 – On a cours de français, **jeudi** ? – On a toujours cours de français, **le vendredi**.

Seite 24

1 Le mercredi, on **n'**a **pas de** cours de maths.
2 Au CDI, il y a **assez de** tablettes pour les élèves.
3 Mon frère fait **trop de** bruit quand il joue.
4 Elle regarde **beaucoup de** séries le week-end.
5 Nous n'avons pas **beaucoup de** devoirs. C'est super !
6 Il y a **beaucoup d'**élèves, mais **pas assez de** chaises dans la classe.
7 Il y a **trop de** stylos dans ma trousse.

Seite 25

1 **Je trouve/pense qu'**elle est timide.
2 **Je trouve/pense que** c'est dommage !
3 **Je trouve/pense que** le club de musique est super.
4 **Je trouve/pense qu'**il n'y a pas assez de plantes dans ma chambre.
5 **Je trouve/pense qu'**on a trop d'heures de maths.
6 **Je pense que** c'est mon endroit préféré.
7 **Je trouve/pense qu'**on regarde trop de vidéos en cours.
8 **Je trouve/pense qu'**il n'y a pas assez de récréations.

Unité 3 • Qu'est-ce qu'on fait ce week-end ?

Seite 27

1 C'est mon endroit préféré **pour** faire une balade.
2 Mon lit est génial **pour** regarder un film.
3 Ma tante est à Paris **pour** faire du shopping.
4 Est-ce que tu as des vêtements **pour** faire du sport ?
5 Le Centquatre, c'est génial **pour** faire de la danse.
6 Je t'invite aux Halles **pour** écouter un concert.
7 Le mercredi, il est au théâtre **pour** faire un atelier.

Lösungen

Seite 28

1 Vous **allez** à Marseille ? – Non ! Nous **allons** à Paris !
2 Alexandre **va** à la piscine.
3 Léa et Hugo ne **vont** pas à la cantine aujourd'hui.
4 Le week-end, on **va** à Paris, chez mon oncle.
5 Mercredi, les élèves de la sixième **vont** au théâtre.

Seite 30

a

1 Mardi, je vais **à la** piscine.
2 Léa travaille souvent **au** CDI.
3 – Où est Théo ? – Il est **aux** toilettes.
4 On va **à l'**atelier de danse.
5 Jeudi, la cinquième B va **au** parc.
6 Sarah va **à la** boulangerie.
7 Ma corres aime aller **au** quartier des Halles.

b

1 La cantine est à droite **des** toilettes.
2 Je fais **du** basket et je suis **au** club de théâtre du collège. Et toi ?
3 Tu vas **à l'**anniversaire de Selma ?
4 On va **au** concert ou on fait **de la** trottinette ?
5 Samedi, nous faisons **de l'**escalade, puis nous allons **au** cinéma.
6 Regarde ma cousine sur la photo. Elle est à gauche **de** mon frère.

Seite 31

a

elle **veut** • tu **veux** • on **veut** • nous **voulons** • elles **veulent** • je **veux** • vous **voulez** • il **veut** • ils **veulent**

b

1 – Vous **voulez** acheter une baguette ? – Non, nous **voulons** des croissants.
2 – Tu **veux** aller au cinéma ce week-end ? – Oui, je **veux** regarder « Spiderman 4 ».
3 Léa et Marie **veulent** faire de la moto, mais leurs parents ne **veulent** pas.
4 – Tu **veux** jouer à Minecraft ? – Non, je n'ai pas de console.
5 Madame Moreau **veut** aller au cinéma, mais sa famille ne **veut** pas.

Seite 33

a

elle **peut** • tu **peux** • on **peut** • nous **pouvons** • elles **peuvent** • je **peux** • vous **pouvez** • il **peut** • ils **peuvent**

Seite 33

b

1 Je ne **peux** pas jouer avec toi. Je suis malade.
2 Il ne **peut** pas faire ses devoirs parce qu'il n'a pas de stylo.
3 Tu **peux** passer chez moi à midi ?
4 Nous ne **pouvons** pas aller au concert.
5 Vous **pouvez** aller au cinéma ? Moi, je ne **peux** pas.
6 Ils vont au parc parce qu'ils **peuvent** retrouver leurs copains ici.

c

1 Nous ne **pouvons** pas acheter ce livre. Il est trop cher !
2 Est-ce que tu **veux** rentrer en bus avec moi aujourd'hui ?
3 Mes parents ne **peuvent** pas avoir un chien. Ils ont une allergie.
4 Nous n'avons pas cours de SVT. On **peut** rentrer chez nous.
5 – Est-ce qu'on **peut** faire nos devoirs ensemble ? – D'accord, je **veux** bien.
6 – Vous **voulez** aller au cinéma samedi ? – Moi, je ne **peux** pas parce que j'ai les deux chats de ma grand-mère chez moi.

Module C • Ma chanson préférée

Seite 35

a

1 On **va aller** au restaurant.
2 Mathis et Lisa **vont faire** une balade.
3 Vous **allez regarder** le match ?
4 Est-ce que tu **vas inviter** Léa ?
5 Mercredi, je ne **vais** pas **travailler**.
6 Elles **vont manger** à la cantine.
7 Nous **allons faire** du basket.
8 Vous **allez prendre** un dessert ?

b

1 Anissa et Mehdi **vont ranger** leurs chambres.
2 Tu **vas regarder** une série avec moi ?
3 Je **ne vais pas regarder** ma série préférée parce que je **vais bricoler** avec mon grand-père.
4 Nous **allons faire** du basket.
5 Vous **allez présenter** une chanson en classe.
6 Ils **ne vont pas faire** du shopping.
7 Qu'est-ce que vous **allez utiliser** lundi pour votre exposé ?
8 Mes cousins **vont rester** ici et on **va jouer** à Minecraft ensemble.

Unité 4 • Qu'est-ce qu'on mange ?

Seite 36

1 Pour faire un croque-monsieur, j'achète **du** jambon et **du** fromage.
2 – J'adore manger des pâtes avec **de la** sauce. – Moi, je préfère manger **du** gratin.
3 Pour le gâteau, il faut **du** lait, du sucre, **de la** farine et **des** œufs.
4 – Tu as **de l'**argent ? – Oui, j'ai huit euros.
5 – Nous avons encore **des** pâtisseries ? – Oui, il reste **du** gâteau.

Seite 37

a

elle **prend** • tu **prends** • on **prend** • nous **prenons** • elles **prennent** • je **prends** • vous **prenez** • il **prend** • ils **prennent**

b

1 – Je **prends** le croque-monsieur. Et toi, qu'est-ce que tu **prends** ?
2 – Alors les filles, vous **prenez** un dessert ?
3 Les garçons **prennent** la salade de fruits.
4 Est-ce qu'elle **prend** sa guitare pour la fête ?

Seite 38

a

1 Ils apportent **un verre de** coca.
2 Pour le gâteau, il faut **un paquet de** sucre et **deux verres de** lait.
3 Pour la recette, il faut **un paquet de** pâtes.
4 – Nous avons assez d'eau ? – Non. Ahmed achète encore **deux bouteilles d'**eau.

Seite 39

b

1 – Est-ce qu'il y a encore **des** pâtes ? – Non, mais il y a beaucoup **de** sauce.
2 – Tu n'achètes pas les baskets ? – Non, je n'ai pas assez **d'**argent.
3 – Pour ma fête, est-ce qu'il faut **de la** musique ? – Oui ! Et aussi **des** gâteaux.
4 Achète **du** fromage, s'il te plaît ! Est-ce que tu as assez **d'**argent ?
5 Il y a trop **de** légumes dans ta sauce. Est-ce qu'il reste **de la** viande ou **du** poisson ?

Seite 41

1 Je **ne** veux **rien** manger.
2 Elle **ne** va **jamais** au supermarché.
3 Ils **ne** sont **plus** amis.
4 Je **ne** peux **rien** dessiner.
5 Il **ne** veut **jamais** partager ses gâteaux.
6 Je **n'**ai **plus** faim.
7 On **n'**a **jamais** des devoirs.
8 Ma mère **n'**achète **pas de** sucre.

Seite 42

a

elle **met** • tu **mets** • on **met** • nous **mettons** • elles **mettent** • je **mets** • vous **mettez** • il **met** • ils **mettent**

b

1 Tu **mets** les verres sur la table, s'il te plaît ?
2 Vous **mettez** du poisson dans la sauce ?
3 Madeleine **met** un paquet de gâteaux dans son sac.
4 J'adore **mettre** du sucre sur ma crêpe.
5 Où est-ce que je **mets** tes clés ? – Sur le bureau, s'il te plaît.
6 **Mettez** vos livres sur la table, s'il vous plaît !
7 Mon frère et moi **mettons** toujours la table le midi.

Unité 5 • C'est les vacances !

Seite 44

1 On prend **ce** sac ou **cette** plante comme cadeau ?
2 Regarde **cet** ascenseur. Il est grand !
3 Je voudrais acheter **ce** livre et **ces** stylos, s'il vous plaît.
4 Comment est-ce que tu trouves **cette** chanson ?

Seite 47

a

1 J'**ai** acheté une console.
2 Mathéo et Marc **ont** appelé Selma.
3 Nous **avons** apporté une salade.
4 Tu **as** mangé une pizza ?
5 Vous **avez** acheté le livre pour Léo ?
6 Elle **a** travaillé au collège.

b

1 Paul est **allé** à la plage.
2 Mathilde et Selma sont **arrivées** à 10 heures.
3 Hier, Théo et moi, nous sommes **restés** à la maison.
4 Tu es **rentrée** chez toi après le collège, Manon ?
5 Ma copine Léa est **passée** par le parc.

c

1 Hier, Marco et moi, nous **sommes** rentrés à 7 heures.
2 Elle **a** fait du volleyball samedi.
3 Où est-ce qu'elles **sont** restées le soir ?
4 Ils **ont** acheté une console ?
5 Est-ce qu'elles **sont** allées à Paris, lundi ?
6 Est-ce qu'il **a** fait froid mardi ?

Lösungen

Seite 49

1 Paul n'a pas **eu** le temps.
2 Ma tante est **allée** au cinéma.
3 On a **voulu** manger une pizza.
4 Tu as **mis** la table ?
5 Alexandre et Bilal ont **mangé** deux gâteaux.
6 J'ai **fait** de l'escalade.
7 Mathilde, tu as **appelé** ta grand-mère ?
8 Vous avez **pu** aller à la plage samedi ?
9 Qu'est-ce que tu as **acheté** au supermarché ?

Seite 50

a

1 – Non, je **n'ai pas regardé** cette série.
2 – Non, il **n'est pas allé** à la plage.
3 – Non, elle **n'est pas restée** à la cantine.
4 – Non, ils **n'ont pas mangé** le gâteau.
5 – Non, nous **n'avons pas appelé** Louise.

b

1 En été, **il n'est pas allé à Paris.**
2 En vacances, **elles n'ont pas écouté de rap.**
3 Lundi, **nous ne sommes pas allés au cinéma.**
4 Pendant les vacances, **vous n'avez pas bricolé** ?
5 Mardi, **je n'ai pas pris le bus** (après les cours).
6 Samedi, **ils n'ont pas pu rester chez nous.**

2 Die Zahlen | Les nombres

Die Grundzahlen von 0 bis 31 • Les nombres cardinaux de 0 à 31

0 zéro
1 un *m.*
une *f.*
2 deux
3 trois
4 quatre
5 cinq
6 six
7 sept
8 huit
9 neuf
10 dix

11 onze
12 douze
13 treize
14 quatorze
15 quinze
16 seize
17 dix-sept
18 dix-huit
19 dix-neuf
20 vingt

21 vingt-et-un *m.*
vingt-et-une *f.*
22 vingt-deux
23 vingt-trois
24 vingt-quatre
25 vingt-cinq
26 vingt-six
27 vingt-sept
28 vingt-huit
29 vingt-neuf
30 trente
31 trente-et-un...

Die Grundzahlen von 40 bis 100 • Les nombres cardinaux de 40 à 100

40 quarante
41 quarante-et-un *m.*
quarante-et-une *f.*
50 cinquante
60 soixante
70 soixante-dix
71 soixante-et-onze
72 soixante-douze
73 soixante-treize
74 soixante-quatorze
75 soixante-quinze
76 soixante-seize
77 soixante-dix-sept
78 soixante-dix-huit
79 soixante-dix-neuf

80 quatre-vingts
81 quatre-vingt-un *m.*
quatre-vingt-une *f.*
82 quatre-vingt-deux
90 quatre-vingt-dix
91 quatre-vingt-onze
92 quatre-vingt-douze
93 quatre-vingt-treize
94 quatre-vingt-quatorze
95 quatre-vingt-quinze
96 quatre-vingt-seize
97 quatre-vingt-dix-sept
98 quatre-vingt-dix-huit
99 quatre-vingt-dix-neuf
100 cent

Achtung bei der Aussprache dieser Zahlen!

2 deux‿amis
3 trois‿animaux
6 six‿ans, ! six baguettes
8 huit‿ans,
! huit cinémas
9 neuf‿ans
10 dix‿ans,
! dix chats
20 vingt‿heures

3 Die Verben | Les verbes

3.1 Die wichtigsten Konjugationen

Die Verben auf *-er* • Les verbes en *-er*

		parler *sprechen*			rentrer *nach Hause gehen*	
infinitif						
présent	je	parl	**e**	je	rentr	**e**
	tu	parl	**es**	tu	rentr	**es**
	il / elle / on	parl	**e**	il / elle / on	rentr	**e**
	nous	parl	**ons**	nous	rentr	**ons**
	vous	parl	**ez**	vous	rentr	**ez**
	ils / elles	parl	**ent**	ils / elles	rentr	**ent**
impératif		Parle.			Rentre.	
		Parlons.			Rentrons.	
		Parlez.			Rentrez.	
futur composé	je	vais parler		je	vais rentrer	
passé composé	j'	ai parlé		je	suis rentré/rentrée	

❗ **Folgende Verben auf *-er* haben jeweils eine Besonderheit:**

acheter: j'achète, tu achètes, il/elle/on achète, ils/elles achètent
préférer: je préfère, tu préfères, il/elle/on préfère, ils/elles préfèrent
répéter: je répète, tu répètes, il/elle/on répète, ils/elles répètent
appeler: j'appelle, tu appelles, il/elle/on appelle, ils/elles appellent
commencer: nous commençons
corriger: nous corrigeons
manger: nous mangeons
partager: nous partageons
ranger: nous rangeons

Die unregelmäßigen Verben • Les verbes irréguliers

infinitif		**aller** *gehen, fahren*		**avoir** *haben*
présent	je	vais	j'	ai
	tu	vas	tu	as
	il / elle / on	va	il / elle / on	a
	nous	allons	nous	avons
	vous	allez	vous	avez
	ils / elles	vont	ils / elles	ont
futur composé	je	vais aller	je	vais avoir
passé composé	je	suis allé/allée	j'	ai eu

infinitif		**être** *sein*		**faire** *machen*
présent	je	suis	je	fais
	tu	es	tu	fais
	il / elle / on	est	il / elle / on	fait
	nous	sommes	nous	faisons
	vous	êtes	vous	faites
	ils / elles	sont	ils / elles	font
futur composé	je	vais être	je	vais faire
passé composé	j'	ai été	j'	ai fait

infinitif		**mettre** *stellen, legen, setzen; decken*		**prendre** *nehmen*
présent	je	mets	je	prends
	tu	mets	tu	prends
	il / elle / on	met	il / elle / on	prend
	nous	mettons	nous	prenons
	vous	mettez	vous	prenez
	ils / elles	mettent	ils / elles	prennent
futur composé	je	vais mettre	je	vais prendre
passé composé	j'	ai mis	j'	ai pris

infinitif		**pouvoir** *können*		**vouloir** *wollen*
présent	je	peux	je	veux
	tu	peux	tu	veux
	il / elle / on	peut	il / elle / on	veut
	nous	pouvons	nous	voulons
	vous	pouvez	vous	voulez
	ils / elles	peuvent	ils / elles	veulent
futur composé	je	vais pouvoir	je	vais vouloir
passé composé	j'	ai pu	j'	ai voulu

3.2 Alle Verben mit ihren Formen auf einen Blick

! **acheter qc** — etw. kaufen — Il **achète** un maillot.
Er kauft ein Trikot.

j'achète • tu achètes • il/elle/on achète • nous achetons • vous achetez • ils/elles achètent

adorer qc / + *inf.* — etw. sehr lieben — Elle **adore** le foot.
Sie liebt Fußball sehr.

j'adore • tu adores • il/elle/on adore • nous adorons • vous adorez • ils/elles adorent

aimer qn/qc / + *inf.* — jdn/etw. mögen/lieben — Il **aime** la musique.
Er mag Musik.

j'aime • tu aimes • il/elle/on aime • nous aimons • vous aimez • ils/elles aiment

! **aller** — gehen, fahren — On **va** au skatepark.
Er kauft ein Trikot.

je vais • tu vas • il/elle/on va • nous allons • vous allez • ils/elles vont

! **appeler qn** — jdn anrufen — Anna **appelle** sa grand-mère.
Anna ruft ihre Oma an.

j'appelle • tu appelles • il/elle/on appelle • nous appelons • vous appelez • ils/elles appellent

apporter qc — etw. mitbringen — Elle **apporte** un gâteau.
Sie bringt einen Kuchen mit.

j'apporte • tu apportes • il/elle/on apporte • nous apportons • vous apportez • ils/elles apportent

arriver — ankommen, kommen — J'**arrive** dans une heure.
Ich komme in einer Stunde.

j'arrive • tu arrives • il/elle/on arrive • nous arrivons • vous arrivez • ils/elles arrivent

Die Verben

❗ **avoir**	haben	J'**ai** un frère. Ich habe einen Bruder.

j'ai • tu as • il/elle/on a • nous avons • vous avez • ils/elles ont

bricoler qc	etw. basteln	On **bricole** ensemble ? Basteln wir zusammen?

je bricole • tu bricoles • il/elle/on bricole • nous bricolons • vous bricolez • ils/elles bricolent

chanter qc	etw. singen	Ils **chantent** ensemble. Sie singen zusammen

je chante • tu chantes • il/elle/on chante • nous chantons • vous chantez • ils/elles chantent

chatter	chatten	Elle **chatte** avec sa copine. Sie chattet mit ihrer Freundin.

je chatte • tu chattes • il/elle/on chatte • nous chattons • vous chattez • ils/elles chattent

chercher qn/qc	jdn/etw. suchen	On **cherche** la boulangerie. Wir suchen die Bäckerei.

je cherche • tu cherches • il/elle/on cherche • nous cherchons • vous cherchez • ils/elles cherchent

❗ **commencer qc**	etw. beginnen	Le jeudi, on **commence** à 9 heures. Donnerstags beginnen wir um 9 Uhr.

je commence • tu commences • il/elle/on commence • nous commençons • vous commencez • ils/elles commencent

❗ **corriger qc**	etw. korrigieren, etw. berichtigen	Les profs **corrigent** nos devoirs. Die Lehrer korrigieren unsere Hausaufgaben.

je corrige • tu corriges • il/elle/on corrige • nous corrigeons • vous corrigez • ils/elles corrigent

coûter	kosten	Ça **coûte** cher. Es kostet viel.
je coûte • tu coûtes • il/elle/on coûte • nous coûtons • vous coûtez • ils/elles coûtent		

dessiner qc	etw. zeichnen	Elles **dessinent** des mangas. Sie zeichnen Mangas.
je dessine • tu dessines • il/elle/on dessine • nous dessinons • vous dessinez • ils/elles dessinent		

détester qn/qc / + *inf.*	jdn/etw. hassen, es hassen, etw. zu tun	Je **déteste** bricoler. Ich hasse es zu basteln.
je déteste • tu détestes • il/elle/on déteste • nous détestons • vous détestez • ils/elles détestent		

donner qc	etw. geben, aufgeben	Le prof de maths **donne** beaucoup de devoirs. Der Mathelehrer gibt viele Hausaufgaben auf.
je donne • tu donnes • il/elle/on donne • nous donnons • vous donnez • ils/elles donnent		

écouter qc	hören, zuhören, etw. anhören	J'**écoute** de la musique. Ich höre Musik.
j'écoute • tu écoutes • il/elle/on écoute • nous écoutons • vous écoutez • ils/elles écoutent		

! **être**	sein	Vous **êtes** Madame Ménard ? Sind Sie Frau Ménard?
je suis • tu es • il/elle/on est • nous sommes • vous êtes • ils/elles sont		

expliquer qc	etw. erklären	Il **explique bien**. Er erklärt gut.
j'explique • tu expliques • il/elle/on explique • nous expliquons • vous expliquez • ils/elles expliquent		

Die Verben

faire qc — etw. machen, etw. tun

On **fait** des pizzas ?
Machen wir Pizzas?

je fais • tu fais • il/elle/on fait • nous faisons • vous faites • ils/elles font

gaspiller qc — etw. verschwenden

Ne **gaspille** pas trop d'eau !
Verschwende nicht zu viel Wasser!

je gaspille • tu gaspilles • il/elle/on gaspille • nous gaspillons • vous gaspillez • ils/elles gaspillent

goûter qc — etw. probieren, etw. kosten

Je peux **goûter** ton gâteau ?
Kann ich deinen Kuchen kosten?

je goûte • tu goûtes • il/elle/on goûte • nous goûtons • vous goûtez • ils/elles goûtent

habiter — wohnen

Marie et Nathan **habitent** à Paris.
Marie und Nathan wohnen in Paris.

j'habite • tu habites • il/elle/on habite • nous habitons • vous habitez • ils/elles habitent

inviter qn — jdn einladen

Je t'**invite** !
Ich lade dich ein!

j'invite • tu invites • il/elle/on invite • nous invitons • vous invitez • ils/elles invitent

jouer — spielen

Myriam **joue** avec son frère.
Myriam spielt mit ihrem Bruder.

je joue • tu joues • il/elle/on joue • nous jouons • vous jouez • ils/elles jouent

manger qc — etw. essen

Il **mange** une salade.
Er isst einen Salat.

je mange • tu manges • il/elle/on mange • nous mangeons • vous mangez • ils/elles mangent

marcher	gehen, funktionieren	Ça **marche** ! Geht klar!
je marche • tu marches • il/elle/on marche • nous marchons • vous marchez • ils/elles marchent		
! **mettre qc**	etw. stellen, etw. setzen, etw. legen	Qui **met** la table ? Wer deckt den Tisch?
je mets • tu mets • il/elle/on met • nous mettons • vous mettez • ils/elles mettent		
organiser qc	etw. organisieren	J'**organise** nos vacances. Ich organisiere unseren Urlaub.
j'organise • tu organises • il/elle/on organise • nous organisons • vous organisez • ils/elles organisent		
parler	sprechen	Je **parle** un peu arabe. Ich spreche ein bisschen Arabisch.
je parle • tu parles • il/elle/on parle • nous parlons • vous parlez • ils/elles parlent		
! **partager qc**	etw. teilen	Je **partage** ma chambre avec Léa. Ich teile mein Zimmer mit Léa.
je partage • tu partages • il/elle/on partage • nous partageons • vous partagez • ils/elles partagent		
passer par qc	an/bei etw. vorbeigehen/vorbeifahren, durch etw. gehen/fahren	Mathieu **passe par** le parc. Mathieu geht/fährt durch den Park.
je passe • tu passes • il/elle/on passe • nous passons • vous passez • ils/elles passent		
penser	denken	Qu'est-ce que tu **penses** ? Was denkst du?
je pense • tu penses • il/elle/on pense • nous pensons • vous pensez • ils/elles pensent		

Die Verben

porter qc	etw. tragen	Marc **porte** des lunettes. Marc trägt eine Brille.

je porte • tu portes • il/elle/on porte • nous portons • vous portez • ils/elles portent

! **pouvoir + *inf.***	etw. tun können	Vous **pouvez** acheter des tomates ? Könnt ihr Tomaten kaufen?

je peux • tu peux • il/elle/on peut • nous pouvons • vous pouvez • ils/elles peuvent

! **préférer qn/qc / + *inf.***	jdn/etw. lieber mögen, etw. lieber machen	J'aime dessiner, mais je **préfère** bricoler. Ich zeichne gerne, aber ich bastle lieber.

je préfère • tu préfères • il/elle/on préfère • nous préférons • vous préférez • ils/elles préfèrent

! **prendre qc**	etw. nehmen	Je **prends** un coca. Ich nehme eine Cola.

je prends • tu prends • il/elle/on prend • nous prenons • vous prenez • ils/elles prennent

préparer qc	etw. vorbereiten, *hier:* etw. zubereiten	Mon père **prépare** mon plat préféré. Mein Vater bereitet meinen Lieblingsgericht zu.

je prépare • tu prépares • il/elle/on prépare • nous préparons • vous préparez • ils/elles préparent

présenter qn/qc	jdn/etw. vorstellen	**Présentez** votre collège. Stellt eure Schule vor.

je présente • tu présentes • il/elle/on présente • nous présentons • vous présentez • ils/elles présentent

raconter qc — etw. erzählen

Raconte !
Erzähle (mal)!

je raconte • tu racontes • il/elle/on raconte • nous racontons • vous racontez • ils/elles racontent

---

❗ **ranger qc** — etw. aufräumen

Range ta chambre !
Räume dein Zimmer auf!

je range • tu ranges • il/elle/on range • nous rangeons • vous rangez • ils/elles rangent

---

regarder qn/qc — jdn/etw. ansehen, anschauen

On **regarde** une série ?
Sehen wir uns eine Serie an?

je regarde • tu regardes • il/elle/on regarde • nous regardons • vous regardez • ils/elles regardent

---

rentrer — nach Hause fahren, gehen

Après le collège, je **rentre** avec toi.
Nach der Schule gehe ich mit dir nach Hause.

je rentre • tu rentres • il/elle/on rentre • nous rentrons • vous rentrez • ils/elles rentrent

---

❗ **répéter qc** — etw. wiederholen

Répète la phrase, s'il te plaît !
Wiederhole den Satz bitte!

je répète • tu répètes • il/elle/on répète • nous répétons • vous répétez • ils/elles répètent

---

rester — bleiben

Je **reste** à Paris.
Ich bleibe in Paris.

je reste • tu restes • il/elle/on reste • nous restons • vous restez • ils/elles restent

---

retrouver qn — jdn treffen, sich mit jdm treffen

Ce week-end, je **retrouve** mes amis.
Dieses Wochenende treffe ich meine Freunde.

je retrouve • tu retrouves • il/elle/on retrouve • nous retrouvons • vous retrouvez • ils/elles retrouvent

rigoler	lachen, Spaß haben	Ils **rigolent** bien. Sie lachen viel.

je rigole • tu rigoles • il/elle/on rigole • nous rigolons • vous rigolez • ils/elles rigolent

surfer (sur Internet)	(im Internet) surfen	Est-ce que vous **surfez** souvent sur Internet ? Surft ihr oft im Internet?

je surfe • tu surfes • il/elle/on surfe • nous surfons • vous surfez • ils/elles surfent

terminer qc	etw. enden, etw. beenden, etw. aufhören	Le lundi, on **termine** à 14 heures. Montags hören wir um 14 Uhr auf.

je termine • tu termines • il/elle/on termine • nous terminons • vous terminez • ils/elles terminent

travailler	arbeiten, lernen	Ils **travaillent** ensemble. Sie arbeiten zusammen. / Sie lernen zusammen.

je travaille • tu travailles • il/elle/on travaille • nous travaillons • vous travaillez • ils/elles travaillent

trouver qn/qc	jdn/etw. finden	Je ne **trouve** plus mon livre. Ich finde mein Buch nicht mehr.

je trouve • tu trouves • il/elle/on trouve • nous trouvons • vous trouvez • ils/elles trouvent

utiliser qc	etw. benutzen	J'**utilise** des mots nouveaux. Ich benutze neue Wörter.

j'utilise • tu utilises • il/elle/on utilise • nous utilisons • vous utilisez • ils/elles utilisent

visiter qc	etw. besichtigen	Aujourd'hui, nous **visitons** un château. Heute besuchen wir ein Schloss.
je visite • tu visites • il/elle/on visite • nous visitons • vous visitez • ils/elles visitent		

❗ **vouloir qc / +** ***inf.***	etw. wollen, etw. tun wollen	Je **veux** un chien. Ich will einen Hund.
je veux • tu veux • il/elle/on veut • nous voulons • vous voulez • ils/elles veulent		

Abkürzungen und Symbole

Abkürzung/ Symbol	Bedeutung	Erklärung	Beispiel
qc	*quelque chose*	etwas (etw.)	aimer qc
qn	*quelqu'un*	jemand/jemanden/jemandem (jd/jdn/jdm)	aimer qn
inf.	*infinitif*	Infinitiv	travailler
❗	Hier gibt es eine Besonderheit zu beachten.		préférer / ❗ je préfère

Bildquellen

AUFTRAGSILLUSTRATIONEN:
Laëtitia Aynié: S. 10, S. 13, S. 17; Biene S. 20, S. 28

Céline Bailleux: U3, S. 8, S. 12, S. 14, S. 15, S. 16, S. 18, S. 19 *oben*, S. 20 *unten*, S. 21 *oben*, S. 23, S. 24, S. 25, S. 27–33, S. 34 *oben*, S. 35–36, S. 38–39, S. 40 *Mitte*, S. 41–44, S. 46–49, S. 69 *Mitte*

Laurent Lalo: U2, S. 9, S. 11, S. 19 *unten*, S. 22, S. 34 *unten*, S. 37, S. 40 *oben rechts*, S. 45, S. 59, S. 63–68, S. 69 *oben*, *unten*, S. 70–72

ABBILDUNGEN:
Cover: U1 *links* stock.adobe.com/daliu, *rechts* Shutterstock.com/pisaphotography;
U4 stock.adobe.com/daliu

S. 1 *unten links* Cornelsen/Inhouse/Anne Weingarten

FRA/DEU Flaggen Shutterstock.com/xiver: S. 5, S. 12, S. 14, S. 16, S. 23, S. 25, S. 27, S. 32, S. 36, S. 38, S. 45, S. 47

UK-Flagge stock.adobe.com/sirius_star: S. 5, S. 11,S. 23

Eule Shutterstock.com/Ann Precious: S. 5, S. 6, S. 9, S. 11, S. 14, S. 18, S. 21, S. 22, S. 24, S. 30, S. 40, S. 47, S. 50

Milchflasche Shutterstock.com/Tanya Sid: S. 38

Mond/Sonne Shutterstock.com/Yganko: S. 26

Uhr Shutterstock.com/Canoneer: S. 26